MINISTÈRE DE L'INSTRUCTION PUBLIQUE ET DES BEAUX-ARTS

DIRECTION DES ARCHIVES

ARCHIVES DES COMMUNES RURALES

PRINCIPES GÉNÉRAUX

ET

CADRE DE CLASSEMENT

(Extrait de la brochure intitulée : *Loi, Règlement et Instruction concernant les Archives communales.*)

MELUN

IMPRIMERIE ADMINISTRATIVE

1929

PRINCIPES GÉNÉRAUX

ET

CADRE DE CLASSEMENT

(Extrait de la brochure intitulée : *Loi, Règlement et Instruction concernant les Archives communales.*)

ARCHIVES DES COMMUNES RURALES

Principes généraux.

*A l'usage des communes rurales, dont les archives ne sont pas
considérables et ne sauraient être sans pédantisme astreintes à la
réglementation compliquée qui convient aux Archives des villes,
on a cru utile de rédiger un bref exposé des* Principes *que tous
ceux qui ont à administrer des archives publiques, si modestes qu'elles
soient, ne doivent jamais perdre de vue. — Il est à désirer que
ces* Principes *très simples soient affichés d'une manière permanente
dans toutes les mairies, à la porte du local ou de l'armoire où les
archives sont conservées.*

I. — CLASSEMENTS

Les archives communales, c'est-à-dire l'ensemble des papiers
qui correspondent à l'exercice du pouvoir municipal, se composent: 1° de papiers antérieurs à 1790 (Révolution); 2° de
papiers postérieurs à cette date.

ARCHIVES ANCIENNES. — Pour le classement des Archives
anciennes (c'est-à-dire des papiers antérieurs à 1790), il a été
établi en 1857 un classement uniforme.

Il est sage de ne pas toucher aux classements consacrés par
le temps.

En conséquence:

Partout où les « Archives anciennes » de la commune son
classées d'après le cadre de 1857, ne rien changer.

Là où elles seraient classées d'une manière satisfaisante d'après
un système antérieur ou postérieur, ne rien changer non plus.

Mais là où elles ne seraient pas régulièrement classées du
tout, soit qu'elles ne l'aient jamais été, soit que (ce qui est

fréquent), après l'avoir été, elles soient **retombées dans le désordre**, deux cas sont à distinguer :

Premier cas. — Si l'Administration communale a l'intention et les moyens de faire classer ou reclasser, par ses propres moyens, ses archives anciennes, elle doit s'adresser à M. l'Archiviste du département, à la Préfecture du chef-lieu, pour avoir communication du dernier cadre de classement officiel, revisé en 1926.

Second cas. — Si l'Administration communale ne se croit pas en mesure, faute du personnel nécessaire, d'assurer le classement régulier de ses archives anciennes, l'intérêt bien entendu de la commune est de les envoyer aux Archives départementales, où elles seront classées (voir plus loin, section III.)

ARCHIVES MODERNES. — Les papiers modernes des communes (depuis 1790) ont été, dès 1842, répartis théoriquement entre quinze divisions, d'après leur objet. Ce cadre de classement a été perfectionné en 1879.

Beaucoup d'archives modernes de communes sont actuellement classées d'après ces modèles de 1842 et de 1879.

Partout où il en est ainsi, ne pas toucher à ce qui existe. Sans doute, il y a, par suite de lois récentes, des papiers d'espèces nouvelles dont la place dans les archives communales n'a pas été et ne pouvait pas être prévue jadis ; mais, dans les dépôts classés d'après les règles de 1879, et bien tenus, la force des choses a conduit la plupart des secrétaires archivistes municipaux à créer spontanément les nouvelles subdivisions indispensables.

Mais il y a, d'autre part, beaucoup de dépôts où les papiers modernes sont en désordre.

Partout où des mesures n'ont pas été prises depuis longtemps pour remédier au désordre des archives récentes, il importe que l'administration municipale se préoccupe de les faire classer.

L'utilité pratique de ces papiers n'est pas périmée. Il est donc nécessaire de les faire tenir en état d'être consultés, soit par le secrétaire de la mairie, soit par des personnes compétentes. La faible dépense ainsi engagée est toujours récupérée par l'économie de temps qui résulte pour les administrés et pour les administrateurs d'une mise en ordre rationnelle, sans parler des avantages que peut tirer la commune, le cas échéant, de la production d'un titre ou parfois d'une simple lettre que l'état de confusion des archives ne permettrait pas de connaître ou de retrouver.

L'Administration communale est invitée à s'adresser, à ce sujet, à M. l'Archiviste départemental, qui lui donnera, au cours de ses tournées ou par correspondance, les indications nécessaires, et qui lui communiquera notamment le Cadre de classement revisé et mis à jour en 1926 (1).

Dans le cas où l'Administration communale aurait décidé d'envoyer ses « archives anciennes » au dépôt de la Préfecture du chef-lieu (plus loin, p. 7), elle pourrait y joindre la partie la plus ancienne de ses « archives modernes » (jusqu'à 1815, par exemple).

II. — ÉLIMINATIONS

Une des causes principales de la confusion où sont tombés, depuis cinquante ans, un grand nombre de dépôts d'archives communales, c'est l'encombrement; et l'encombrement a conduit, çà et là, à des mesures déplorables, car, pour y remédier, on a fait souvent des suppressions arbitraires.

Or il est légitime de remédier à l'encombrement par des éliminations. Mais il ne faut jamais perdre de vue, à ce propos : 1° l'intérêt de la commune, qui est de conserver toutes les pièces de nature à avoir éventuellement quelque valeur pour la sauvegarde de ses droits; 2° les intérêts de l'histoire.

Voici comment il y a lieu d'agir, en pratique, sur ce point :

1° La question des éliminations ne se pose pas pour les documents manuscrits des archives communales qui sont antérieurs, non seulement à 1790, mais même à 1830. *Tous les documents manuscrits antérieurs à cette dernière date sont à conserver en totalité, sans discrimination*;

2° L'encombrement tient, dans un très grand nombre de cas,

---

(1) Cf. plus loin, p. 9.

à l'accumulation d'*imprimés* qu'il a été prescrit, depuis 1842, de conserver dans les trois premières séries du cadre général de classement.

Un premier moyen de porter remède à la situation actuelle, là où elle est fâcheuse, se présente donc: au lieu de confondre ainsi *archives manuscrites* et *bibliothèque d'imprimés*, très souvent au détriment des premières, il est officiellement conseillé, désormais, de distinguer ces deux fonds.

3° On examinera d'abord, à part, les imprimés. Si les collections qui composent la bibliothèque d'imprimés sont complètes et reliées, ou, tout au moins, en bon ordre, et si c'est sans inconvénients en raison de la place disponible, il est honorable de les conserver. Mais si, comme c'est le cas presque partout, les collections sont dépareillées, fragmentaires, en désordre, non coupées, encore sous bande depuis cinquante ans ou davantage: si celle du *Journal officiel* en particulier, qu'il est difficile de conserver convenablement, n'est qu'un amas confus et inutilisable, dont la masse est un obstacle au maintien du bon ordre dans les archives proprement dites, mieux vaut s'en débarrasser (par des ventes au profit de la commune), en observant, toutefois, les précautions suivantes.

On conservera indéfiniment la collection du *Recueil des actes administratifs* dans toutes les communes; celle du *Bulletin des lois* dans tous les chefs-lieux de canton (1).

Quant aux autres publications administratives (revues, etc...) reçues à la mairie, on pourra ne les conserver que pendant cinq ans.

Les collections à conserver indéfiniment seront reliées, brochées, ou ficelées avec soin.

4° En ce qui concerne les archives proprement dites (manuscrits) depuis 1815, il n'y sera jamais procédé à des éliminations arbitraires.

Lorsqu'il paraîtra indispensable d'alléger les collections des papiers inutiles qui peuvent s'y trouver, on consultera la liste limitative, dressée en 1926, des catégories de documents qui

---

(1) Pour le *Journal_Officiel*, v. plus loin, p. 9.

peuvent être éliminés après ou sans triage; cette liste comporte l'indication des délais *minima* de conservation obligatoire. La liste sommaire des documents proposés pour la suppression sera préalablement communiquée au préfet (Archives départementales), pour approbation.

III. — CONSERVATION ET INVENTAIRES. — COMMUNICATIONS

Il ne suffit pas que les archives manuscrites de la commune soient convenablement classées et rationnellement réduites, au besoin, à ce qui doit toujours y figurer.

Il faut encore les *conserver*, c'est-à-dire les préserver de toute diminution indue, et les *inventorier* de manière à ce qu'il soit aisé de s'en servir.

Les préserver de toute diminution. — Cela ne signifie pas seulement les mettre à l'abri de l'incendie, de l'humidité, du vol, etc., dans des locaux appropriés et aménagés avec soin. Cela suppose de plus des règles précises pour la communication des pièces au public: n'autoriser les communications que sur place, à la mairie; n'autoriser personne à « emprunter » et à emporter chez soi; estampiller les pièces du timbre municipal avant de les communiquer; les remettre exactement à leur place quand on s'en est servi, après avoir constaté qu'il n'y a été ajouté aucune note manuscrite; etc. (1).

---

(1) L'expérience montre qu'il y a lieu d'attirer particulièrement l'attention sur les deux points suivants:

a) Il est arrivé souvent que des titres originaux, tirés des archives communales et remis à des officiers ministériels à l'occasion d'affaires contentieuses, n'y sont jamais rentrés. Il est prudent de ne communiquer que des expéditions, certifiées par M. l'Archiviste départemental. S'il est absolument nécessaire de produire les originaux, ne le faire que par l'intermédiaire de l'autorité préfectorale, et en aviser l'Archiviste.

b) Aux termes des règlements, les plans cadastraux ne doivent jamais être transportés sur le terrain; ils ne doivent sortir de la Mairie que pour être remis à la Direction des contributions directes, lorsque la restauration en est nécessaire.

Aucune modification, correction ou addition ne doivent être portées sur les plans, car elles ne peuvent être signalées que sur des calques joints. Les particuliers admis à consulter les plans ne doivent faire ni calque ni extraits au compas; seuls les croquis à vue sont autorisés. Les extraits authentiques des plans cadastraux sont délivrés par le directeur départemental des Contributions directes.

Les inventorier. — Des règles ont été posées à cet égard dès 1842, et il existe ou il a existé dans beaucoup de communes des inventaires du type prescrit, qui ont été plus ou moins bien tenus à jour depuis leur rédaction. Dans beaucoup d'autres, les prescriptions de 1842, quoique souvent renouvelées par la suite, sont restées lettre morte. Il appartient à M. l'Archiviste départemental de veiller à ce qu'il n'en soit pas ainsi plus longtemps.

Une pratique excellente, qui est ici recommandée administrativement pour la première fois, est celle qui consiste à tenir, comme on faisait jadis, une sorte de *cartulaire* des actes les plus importants pour la commune, c'est-à-dire un registre où soient transcrits, ou, tout au moins, analysés, les titres de vente, d'achat, d'échange, les conventions, les décisions de justice, etc., avec renvois précis à la cote des expéditions originales dans les archives communales, et éventuellement à la date des publications officielles où les actes ont été insérés ; — avec, en outre, l'indication des études de notaires ou des greffes où l'on pourrait en retrouver les minutes, en cas de disparition des originaux.

Il faut enfin *communiquer* au public les pièces dont la communication sur demande est prescrite aux termes de la loi municipale de 1884 (Délibérations, cadastres, budgets, pièces à l'appui des comptes, etc.). Dans les cas douteux (documents qui risquent d'engager les intérêts soit de la commune, soit de tiers), il est prudent de demander l'avis du préfet ou celui de l'Archiviste départemental par l'intermédiaire du Préfet.

Les communes sont d'ailleurs libres de s'exonérer de tous les devoirs, obligations et responsabilités qui précèdent, quand à leurs papiers anciens, en usant de la faculté qui leur a été officiellement reconnue, une fois de plus, par la loi du 29 avril 1924, en ces termes :

Les documents ayant plus de cent ans de date, conservés dans les archives communales, peuvent être déposés par le Maire aux Archives départementales, après avis du Conseil municipal.

Ce dépôt facultatif à long terme, *qui laisse à la commune la pleine propriété de ses archives,* en assure la conservation indéfinie dans les meilleures conditions.

Il faut se garder de croire, du reste, qu'en consentant le dépôt facultatif à long terme, un Maire et un conseil municipal font une démarche extraordinaire et reprochable le moins du monde. Une telle décision est justifiée, dans une foule de cas, par les circonstances. D'autre part il y a des précédents de nature à faire tomber tous les scrupules : les dépôts d'Archives départementales sont déjà dépositaires de plusieurs centaines d'archives communales anciennes (jusqu'au commencement du XIXe siècle) ; de grandes villes comme, Clermont-Ferrand, Orléans, Montauban, etc., ont donné l'exemple à cet égard.

Il importe enfin de rappeler que la loi du 29 avril 1924 a prévu le cas où les archives anciennes d'une commune resteraient, malgré tous les conseils donnés et toutes les facilités offertes, en désordre et en perdition. En ce cas, s'agissant de l'intérêt même de cette commune et aussi des intérêts de l'histoire, la loi confère au préfet le droit de prononcer le dépôt d'office aux Archives départementales, sur le rapport de l'Archiviste-inspecteur. Elle le fait en ces termes :

Lorsque l'Archiviste départemental aura établi, par un rapport écrit, que la conservation de ses archives historiques n'est pas convenablement assurée par la commune, il appartiendra au préfet de prescrire ce dépôt d'office à l'expiration d'un délai de six mois, après une mise en demeure restée sans effet.

Cadre de classement
simplifié à l'usage des communes rurales.

A. — *Bulletin des lois, Journal officiel.*

Le *Journal officiel* peut être éliminé après dix ans sur autorisation accordée par le Préfet.

B. — Recueil des actes administratifs.

Reliure ou cartonnage obligatoire.

C. — Ouvrages et revues d'administration.

Les recueils hors d'usage pratique peuvent être éliminés ; aucun abonnement n'est obligatoire.

D. — Administration.

1) Délibérations du Conseil municipal.
2) Arrêtés du maire.
3) Administration de la commune. Inventaire des archives.
4) Contentieux de la commune.

E. — État civil. Registres paroissiaux et registres d'état civil. Correspondance relative à l'état civil.

F. — Population. Commerce. Industrie. Agriculture.

1) Population. Mouvement et recensement de la population.

2) Commerce et industrie.

3) Agriculture. Concours et comices agricoles. Culture, (céréales, lin, chanvre, vigne, pomme de terre, betterave, tabac), semailles, matériel agricole, situation des récoltes. Élevage, bestiaux, abeilles et vers à soie.

4) Foires et marchés. Ravitaillement. Boulangerie, boucherie. Charbon.

5) Statistique.

6) Mesures d'exception. Moratorium. Versement de l'or. Bons de monnaies. Législation des loyers. Vie chère. Restriction à la consommation, bons et tickets de denrées, de combustibles et de tabac,

7) Travail. Réglementation des heures et de la durée du travail. Salaires. Chômage. Grèves. Apprentissage. Travail des femmes et des enfants.

G. — Contributions et rapports avec les administrations financières.

1) Impôts directs. Anciens et nouveaux cadastres. Assiette, répartition et perception des impôts. Réclamations.

2) Impôts extraordinaires.

3) Rapports avec les administrations financières. Postes, télégraphe et téléphone. Transport des dépêches. Poids et mesures.

H. — Affaires militaires.

1) Recrutement. Recensement des classes. Tirage au sort. Conseils de révision. Mise en activité des classes. Ordres d'appel et sursis. Dispenses et soutiens de famille. Réfractaires. Mobilisation. Permissions. Inscription maritime. Préparation militaire.

2) Administration militaire. Gendarmerie. Troupes de passage. Réquisitions. Dégâts pendant les manœuvres. Recensement des chevaux, des voitures et des automobiles. Pigeons voyageurs.

3) Garde nationale et sapeurs-pompiers.

4) Mesures d'exception et faits de guerre. État de siège. Contrôle de la circulation. Communiqués. Dépôt des armes. Nouvelles des militaires et œuvres de guerre. Évacuation de la population et réfugiés. Indésirables et suspects. Cérémonies commémoratives. Victimes civiles de la guerre. Logement de troupes alliées. Occupation étrangère.

I. — Police.

1) Police locale. Rapports de gardes champêtres et de gardes forestiers. Fêtes et courses d'automobiles et de bicyclettes. Débits de boisson. Police des foires. Hôtels, auberges et garnis. Prostitution. Vagabondage. Mendicité. Chiens errants et rage. Crimes, délits, suicides. Funérailles, cimetières. Incendies, inondations. Usages locaux, glanages, bans de vendange, usagers dans les forêts, dépaissance. Chasse et pêche. Couvertures en chaume,

2) Police générale. Réglementation de l'heure. Renseignements. Recherches dans l'intérêt des familles. Feuilles de signalement. Passeports. Émigration. Police du roulage. Associations. Réunions publiques et privées. Loteries. Espionnage. Étrangers. Expulsions. Individus dangereux et interdits de séjour.

3) Justice. Simple police. Légalisations, certificats de résidence et de bonne vie et mœurs. Assistance judiciaire. Jury. Officiers ministériels. Exploits d'huissiers.

4) Dépôt de sûreté municipal.

5) Hygiène publique et salubrité. Médecins, pharmaciens, sages-femmes. Logements insalubres. Établissements insalubres. Surveillance des eaux potables. Fraude sur les denrées alimentaires. Surveillance médicale des écoles. Vaccination. Maladies contagieuses et épidémies. Inspection des viandes, surveillance des étables, épizooties.

K. — Élections et personnel municipal.

1) Élections. Listes électorales. Élections législatives. Délégués sénatoriaux. Élections cantonales et communales. Conseil municipal, maires et adjoints.

2) Personnel municipal.

3) Réceptions officielles. Distinctions honorifiques.

L. — Finances de la commune.

1) Budget et comptes. Recette municipale.

2) Emprunts. Dons et legs. Revenus des biens communaux. Taxes. Permis de chasse.

M. — Biens communaux, édifices.

1) Mairie, justice de paix, poids publics, abattoir, lavoirs, bureau de poste. Promenades. Statues. Monuments aux morts.

2) Église, chapelle, calvaire, presbytère, temple.

3) Caisse d'épargne, asile de nuit, hôpital, hospice.

4) Écoles.

N. — Biens communaux, terres, bois, eaux.

1) Communaux.

2) [Bois communaux. Exploitation. Location de la chasse

3) Eaux, sources, puits, fontaines, mares, abreuvoirs. étangs et marais.

O. — Travaux publics. Voirie. Moyens de transport.

1) Rues, places, ponts, égouts, conduites d'eau, canalisations de gaz et d'électricité. Éclairage de la voie publique. Puits. Chemins de grande communication, d'intérêt commun et de petite vicinalité. Chemins ruraux. Routes nationales et départementales.

2) Chemins de fer, tramways, autobus, diligences et omnibus, carrières.

3) Navigation et régime des eaux, rivières, canaux. Chemins de halage, digues. Bacs et bateaux. Cours d'eau non navigables, ruisseaux, irrigation. Usines et moulins.

P. — Cultes. Paroisses, curés et desservants, pasteurs, processions, sonneries de cloches.

Q. — Assistance et prévoyance.

1) Bureau de bienfaisance. Secours d'urgence. Voyageurs indigents.

2) Œuvres charitables.

3) Hôpital. Hospice. Sourds-muets. Aveugles. Aliénés.

4) Caisse d'épargne. Assurance contre la grêle, l'incendie. la mortalité du bétail.

5) Lois d'assistance et de prévoyance. Retraites et pensions. Retraites ouvrières et paysannes. Allocations aux familles des militaires. Soins médicaux aux mutilés et aux réformés. Accidents du travail. Assistance médicale gratuite. Assistance aux vieillards, aux infirmes et aux incurables. Protection du premier âge. Femmes en couches, nourrices et nourrissons. Enfants assistés, filles-mères. Familles nombreuses. Mutualité.

R. — Instruction publique, Sciences, lettres et arts.

1) Écoles communales, asiles, écoles maternelles. Pupilles de la nation. Collège. Bourses. Écoles libres.

2) Sociétés musicales. Bibliothèque municipale et bibliothèque populaire. Musée. Monuments historiques. Théâtres et cinémas.

3) Sport et tourisme. Sociétés sportives. Syndicat d'initiative.

S. — Archives antérieures à 1790, autres que les délibérations, les registres paroissiaux et les anciens cadastres.

Annexe. — Mobilier de la mairie.

Le Règlement général des archives municipales de 1926, art. 32 *c*, laisse d'ailleurs la faculté de classer les archives peu importantes, simplement par mots typiques, sous lesquels se groupent les pièces de même nature. En ce cas, les pièces réunies sous la même rubrique sont placées dans un carton ou dans une case spécialement réservée à la rubrique ; un répertoire alphabétique renvoie au numéro du carton ou de la case.

1929. — MELUN. IMPRIMERIE ADMINISTRATIVE. — M 1387

www.ingramcontent.com/pod-product-compliance
Lightning Source LLC
LaVergne TN
LVHW021110050726
842519LV00005B/1929